Las estaciones

El invierno

Siân Smith

Heinemann Library
Chicago, Illinois

Editorial: Rebecca Rissman, Charlotte Guillain, and Siân Smith
Picture research: Elizabeth Alexander and Sally Claxton
Designed by Joanna Hinton-Malivoire
Translation into Spanish by DoubleOPublishing Services
Printed and bound by South China Printing Company Limited

13 12 11 10 09
10 9 8 7 6 5 4 3 2 1

ISBN-13: 978-1-4329-3529-0 (hc)
ISBN-13: 978-1-4329-3534-4 (pb)

Library of Congress Cataloging-in-Publication Data

Smith, Siân
  [Winter. Spanish]
  El invierno / Siân Smith.
     p. cm. -- (Las estaciones)
  Includes index.
  ISBN 978-1-4329-3529-0 (hardcover) -- ISBN 978-1-4329-3534-4 (pbk.)
  1. Winter--Juvenile literature. I. Title.
  QB637.8.S6518 2009
  508.2--dc22
                          2009010993

Acknowledgments
The author and publisher are grateful to the following for permission to reproduce copyright material: ©Alamy pp.**8** (David R Frazier Photolibrary, Inc.), **20** (Gay Bumgarne), **7** (Ian Francis), **12** (Iconotec), **10** (Image Source Black), **13, 23 middle** (Pamela Osinski), **19** (Pawel Libera), **18, 23 top** (Profimedia International s.r.o.), **21** (WILDLIFE GmbH); ©Corbis pp.**14** (Ariel Skelley), **04 br** (Image100), **16** (Tom Stewart), **17** (Veer/Fancy), **11** (Visions of America/Joseph Sohm), **04 tl** (Zefa/Roman Flury); ©GAP Photos p.**22** (J S Sira); ©Getty Images p.**04 tr** (Floria Werner); ©iStockphoto.com pp.**6, 23 bottom** (Bojan Tezak), **04 bl** (Inga Ivanova); ©PhotoDisc. 1999 p.**9** (Steve Mason); ©Photolibrary p.**5** (Pritz Pritz); © Shutterstock **p.15** (Csaba Peterdi).
Cover photograph reproduced with permission of ©Corbis (Craig Tuttle). Back cover photograph reproduced with permission of ©Alamy (WILDLIFE GmbH).

Every effort has been made to contact copyright holders of any material reproduced in this book. Any omissions will be rectified in subsequent printings if notice is given to the publisher.

Contenido

¿Qué es el invierno?

primavera

verano

otoño

invierno

Hay cuatro estaciones cada año.

El invierno es una de
las cuatro estaciones.

¿Cuándo es el invierno?

primavera

verano

invierno

otoño

Las cuatro estaciones siguen un patrón.

El invierno sigue al otoño.

El clima en el invierno

Puede hacer frío en el invierno.

Puede nevar en el invierno.

¿Qué vemos en el invierno?

Las personas llevan guantes en el invierno.

Las personas llevan abrigos
en el invierno.

Vemos árboles sin hojas en el invierno.

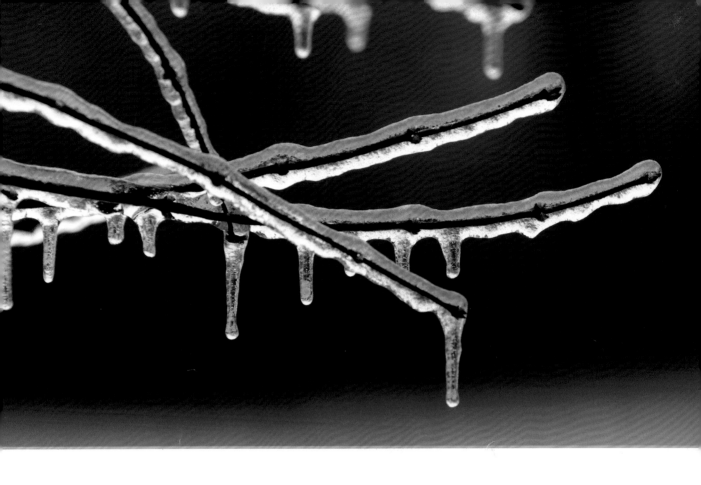

Vemos hielo en el invierno.

Vemos trineos en el invierno.

Vemos personas que patinan
en el invierno.

Vemos muñecos de nieve en el invierno.

Vemos bebidas calientes en el invierno.

Vemos adornos en el invierno.

Vemos luces en el invierno.

Algunas aves tienen hambre
en el invierno.

Algunos animales duermen
en el invierno.

¿Cuál es la siguiente estación?

¿Qué estación viene después
del invierno?

Glosario ilustrado

adorno algo que se usa para que otra cosa se vea bien

hielo agua congelada. El hielo puede ser frío, duro y resbaloso.

patrón que ocurre en el mismo orden

Índice

Nota a padres y maestros
Antes de leer
Comente las cuatro estaciones con los niños: primavera, verano, otoño, invierno. Pregunte a los niños en qué estación se celebra el Día de Acción de Gracias. ¿En qué estación se celebra el Día de los Caídos? ¿En qué estación comienza el Año Nuevo? ¿En qué estación hace más calor?

Después de leer
Hagan un títere de un muñeco de nieve. Recorten papel blanco para hacer un muñeco de nieve (tres círculos conectados). Recorten papel negro para hacer un sombrero, dos ojos y tres botones. Recorten papel anaranjado para hacer una nariz. Ayude los niños a pegar los papeles recortados en el muñeco de nieve.

Hagan una escena invernal. Ayude los niños a dibujar una escena nevada en papel blanco con creyones de cera sin color. Pinte sobre la escena con pintura blanca. La pintura no cubrirá el creyón y dará un efecto de nieve en el suelo. Antes de que se seque la pintura, riegue escarcha blanca o plateada sobre el dibujo.